Constant Martha

La Délicatesse dans l'art

Essai

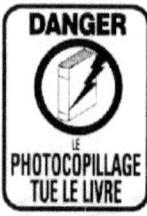 Le code de la propriété intellectuelle du 1er juillet 1992 interdit en effet expressément la photocopie à usage collectif sans autorisation des ayants droit. Or, cette pratique s'est généralisée dans les établissements d'enseignement supérieur, provoquant une baisse brutale des achats de livres et de revues, au point que la possibilité même pour les auteurs de créer des œuvres nouvelles et de les faire éditer correctement est aujourd'hui menacée. En application de la loi du 11 mars 1957, il est interdit de reproduire intégralement ou partiellement le présent ouvrage, sur quelque support que ce soit, sans autorisation de l'Éditeur ou du Centre Français d'Exploitation du Droit de Copie , 20, rue Grands Augustins, 75006 Paris.

ISBN : 978-1976331169

10 9 8 7 6 5 4 3 2 1

Constant Martha

La Délicatesse dans l'art

Essai

Table de Matières

La Délicatesse dans l'art 6

La Délicatesse dans l'art

En France, depuis un demi-siècle, l'art, renonçant de plus en plus aux idéales fictions, s'est épris de la réalité et semble avoir aujourd'hui pour principal souci de la décrire avec une minutieuse exactitude et une liberté croissante. Dans cette sorte de peinture, il a passé graduellement du noble au familier, puis au vulgaire, au grossier, à l'ignoble, et finira bientôt, on peut l'espérer, par s'arrêter devant l'inexprimable. Cet amour de la réalité, qui nous choque aujourd'hui par ses licences, n'était pas condamnable à l'origine. En 1830, par une juste réaction contre une littérature épuisée qui n'avait plus de forme précise, qui n'osait rien peindre, rien nommer, et qui s'était évanouie dans les inanités de la périphrase, l'art se piqua tout à coup de revenir à la précision de la vérité historique, de trouver la couleur locale, de montrer les hommes dans leur appareil extérieur, dans leur costume, et les plaisanteries, aujourd'hui attardées, sur les pourpoints de velours et les lames de Tolède sont encore les témoignages de ce goût alors nouveau. C'était comme un premier pas timide vers la réalité. Mais bientôt on trouva qu'il y avait encore trop de fiction dans ces peintures du passé et on se plut à représenter la réalité contemporaine, à reproduire les scènes du jour, à décrire ce que nous avons sous les yeux ; ce fut l'effort de l'école qui s'appela elle-même réaliste. Enfin, par un nouveau progrès, on pensa que, si la réalité est le vrai domaine de l'art, il était juste de ne pas oublier les objets et les êtres les plus vils et qu'ils méritaient bien aussi leur part d'honneurs. En cela, si on ne fut pas toujours décent, on fut très logique ; car, s'il est vrai que dans l'art une chose est intéressante par le seul fait qu'elle existe, il n'y a point de raison de rien exclure ; un goujat qui est, excitera plus l'intérêt qu'un héros qui n'existe que dans l'imagination d'un auteur. On finit par ne plus vouloir que ce qu'on appela les choses, les choses visibles, qu'on peut voir tous les jours autour de soi. Le roman se mit à peindre les objets physiques comme si le monde venait seulement d'être découvert, les traits des personnes comme si on voyait pour la première fois des visages, nos vêtements et nos meubles comme des curiosités inconnues, et on sut peindre tout cela, il faut en convenir, avec un talent extraordinaire et un relief surprenant. Sur le théâtre, on ne voulut plus se prêter complaisamment à l'illusion des décors ; il fallut des accessoires réels, des pendules véritables sur de véritables cheminées, du vrai feu, de vrais repas où l'acteur ne feint pas de manger, mais mange et apporte sur la scène une faim et une soif authentiques. Le goût de la réalité le veut ainsi. En cela l'art a été plus ou moins encouragé par l'exemple et les légitimes procédés de la science contemporaine qui s'attache surtout à l'étude des phénomènes extérieurs. La physique ne vit que d'observations, l'archéologie nous présente l'antiquité sous la forme d'objets tangibles, la photographie fait parler les objets eux-mêmes, la physiologie cherche à remplacer la philosophie, la chronique avec ses minuties se substitue à l'histoire morale. Dans les sciences, ce goût de la réalité peut être considéré comme un progrès, puisque les sciences sont chargées de nous apprendre les choses, de nous instruire en nous les montrant, et si bonne nous paraît aujourd'hui cette méthode que nous donnons même aux tout petits enfants des leçons de choses. Ainsi depuis la salle d'asile jusqu'aux plus hautes écoles, des habitudes d'esprit nouvelles se sont propagées et ont pénétré même dans le domaine de l'art. Mais là commence une fâcheuse usurpation. L'art ne vit pas seulement de choses réelles, et s'il est obligé de les montrer, il les combine, il les transforme, il les anime et en fait sortir des idées et des sentiments. Les objets peints pour eux-mêmes, qui n'éveillent pas en nous des idées, qui ne provoquent pas de sentiments, ne peuvent retenir ni l'esprit ni l'âme. Il faut donc que dans toute peinture, soit sur la toile, soit dans un livre, il y ait quelque chose qui, sans être formellement exprimée, nous retienne et nous captive. En un mot, dans l'art, ce qu'il y a de plus précieux et de plus charmant est, non ce qu'on nous montre, non ce qu'on nous dit, mais souvent ce qu'on ne dit pas. Qu'on nous permette de présenter sur ce point particulier quelques observations de psychologie esthétique sans rigoureuse théorie, sans satire, avec le seul dessein de défendre contre une sorte d'épaississement de l'art et de la littérature les fins plaisirs de l'esprit.

S'il est un art qui semble en droit de ne représenter que la réalité sans rien y ajouter et de se contenter de formes et de couleurs, c'est assurément la peinture, puisque les couleurs et les formes sont le langage qui lui est propre. D'ailleurs l'imitation des choses est une habileté qui nous plaît, et tel objet que nous ne regardons pas dans la vie journalière nous amuse quand nous le voyons sur la toile. Néanmoins un tableau dont il ne se dégage pas une pensée, une impression morale quelconque, qui ne nous dit que ce qu'il nous montre, est une œuvre qui ne peut longtemps nous attacher. Sans doute s'il a des qualités techniques remarquables, il retiendra l'attention des peintres qui pourront y admirer la ferme correction, ou la difficulté vaincue, ou les heureuses témérités du pinceau, enfin toute la grammaire et la rhétorique de l'art ; et si les peintres ne peignaient que pour leurs confrères, un pareil tableau pourrait avoir le plus grand intérêt didactique, mars une fois ces qualités de la fine correction supposées (et ici, de peur de méprise, nous déclarons tout d'abord bien haut qu'on doit les supposer toujours, autrement il n'y a pas de tableau digne de ce nom), il faut encore que le tableau parle à notre intelligence et qu'il ne s'adresse pas seulement aux yeux. Les yeux ne sont que des instruments de vision derrière lesquels se tient un esprit qui regarde au travers et qui veut se repaître, et s'il ne trouve pas d'aliment dans cette peinture, il ne tardera pas à diriger ailleurs ces instruments dociles qui sont tout à son service. C'est l'esprit qui est le vrai maître, c'est lui qu'il faut contenter. Il importe donc que, dans un tableau, il y ait quelque chose qui offre une prise à l'esprit, une pensée, un sentiment, une intention, appelons cela un sujet. Je sais bien que sur ce point bien des artistes seront tentés de se récrier. Il en est qui professent hautement qu'en peinture un sujet est une infirmité, que le dessin et la couleur suffisent, qu'un tableau n'est pas un livre, et si vous leur objectez l'exemple des grands peintres, les belles compositions de Poussin, par exemple, ils décideront lestement que Poussin n'a jamais été qu'un littérateur. Mais quand ces artistes parlent ainsi et soutiennent avec feu leurs fantaisies systématiques, ne les croyons pas sur parole ; ils ne sont pas absolument sincères, en croyant l'être, car tout en déclamant contre les sujets, ils sont sans cesse en peine de s'en procurer, ils en demandent à leurs amis, ils battent les feuillets d'un livre pour en chercher, et s'ils s'en passent malgré eux, c'est qu'ils n'en ont pas trouvé un qui convienne à la nature de leur talent ou qui s'accommode de leur paresse. Ils sentent donc eux-mêmes et confessent, sans le vouloir, que dans un tableau il faut encore autre chose que la représentation, si parfaite qu'elle soit, de formes matérielles. Au reste, sans disserter sur ce point, observez sur vous-même ce que vous éprouvez à une exposition de peinture, quand par malheur, comme il peut arriver, vous vous arrêtez dans une salle où une longue suite de tableaux n'offre rien à l'esprit et ne s'adresse qu'à la vue. Votre esprit erre de toile en toile, cherchant à quoi se prendre ; tout s'explique au premier coup d'œil ; il n'y a rien à deviner, à saisir sous ces flatteuses couleurs ; peu à peu, vous sentez en vous comme le malaise d'une inanition trop prolongée ; la sensation est telle que votre corps même participe à la défaillance de votre esprit ; vos yeux nagent, vos jambes deviennent incertaines, et tout votre être tombe dans la stupeur d'une attention sans cesse déçue. Il faut donc dans un tableau quelque chose qui s'échappe des formes et des couleurs, qui s'adresse à la raison ou à l'âme, quelque chose ou de piquant, ou d'émouvant, ou d'idéal, ou de beau, car la beauté est à elle seule un sujet et vous tient quitte de tout le reste, en un mot, quelque chose d'immatériel, que le spectateur recueille, démêle et goûte à loisir. Autrement le tableau le plus habilement peint nous dit tout de suite ce qu'il veut dire ; un coup d'œil suffit ; le plaisir qu'il nous cause est consommé sur le moment.

Par sujet, nous n'entendons pas nécessairement une scène historique ou anecdotique telle qu'on peut en lire dans les livres, et nous ne demandons pas que la peinture soit, par exemple, une *illustration* de Plutarque. Tout peut devenir un sujet, les plus humbles choses comme les plus grandes, pourvu qu'il s'y rencontre une intention secrète qu'on peut appeler la pensée de l'artiste, un charme invisible sous des formes visibles, que le spectateur découvre et dont il se délecte. Ce sera pour les anciens un dieu qui, sous la forme humaine, laissera voir un caractère divin ; la majesté est une sorte de mystère dont l'imagination du spectateur s'occupe avec respect ; ce sera, si l'on veut, une simple mortelle pleine de grâce. La grâce n'est-elle pas un double mystère, à la fois physique et moral ? Au moyen âge, ce sera une sainte figure dont le seul aspect mystique parlera aux âmes naïves du temps. Ce sera une scène champêtre, moins que cela, un animal, un arbre, une fleur. Rien n'est vil de ce qui peut prendre une expression, de ce qui peut recevoir la pensée de l'artiste. Mais il faut une pensée, si vague qu'elle soit. Tout le monde, sans s'en douter parfois, est de cet avis, même ceux qui semblent ne point le partager. Que font donc nos critiques d'art qui, chaque année, en si grand nombre, analysent les tableaux du Salon ? Font-ils simplement l'examen des mérites techniques ? Se bornent-ils à déclarer que la forme de tel objet est manquée ou qu'elle est parfaite ? Non, ils recherchent l'intention du peintre, ils dégagent son idée, son sentiment ; ils vont comme au-delà de ce qu'offre la toile. Il en a été de même dans tous les temps. Chez les anciens on développait quelquefois longuement l'idée d'un tableau, et un orateur, Dion Chrysostome, devant l'assemblée des Grecs à Olympie ; aux pieds de la célèbre statue de Jupiter, par Phidias, déroula dans un long discours toutes les intentions que le grand artiste avait enfermées dans son œuvre divine. Il y a donc dans un tableau ou dans une statue un je ne sais quoi qu'il faut chercher et qu'on cherche, et ce qu'il y a de plus touchant dans une œuvre d'art n'est pas ce qu'on y voit seulement de ses yeux, mais ce qu'on y devine ou ce qu'on y respire.

Parmi les peintres contemporains, ceux qui ont le mieux compris cette loi de l'art sont les paysagistes. Ils savent bien que les prés, les bois, les eaux, si bien représentés qu'ils soient, ne nous donneraient qu'un médiocre plaisir, le plaisir vulgaire d'une imitation exacte, si de ces eaux, de ces prés, de ces bois ne s'exhalait un sentiment que le peintre en fait sortir, on ne sait comment, car c'est là son secret. Ces sentiments peuvent être très divers. Dans tel paysage on croira sentir la force créatrice de la nature, comme dans une rêverie de panthéiste, ou comme à la lecture de Lucrèce ; dans tel autre la mélancolie des choses fugitives et périssables, ou le charme paisible des choses rustiques. Le peintre semble avoir coulé dans son tableau de la nature un peu de cette âme que Virgile reconnaissait dans la nature même : *Spiritus intus alit*. Même quand l'artiste ne prétend pas éveiller en nous de grandes idées morales, ne voyons-nous pas qu'il trouve mille moyens de nous faire deviner ce qu'il ne lui est pas donné de peindre ? A l'aide de couleurs, il nous fera comme percevoir le murmure de l'eau. Ce qu'il ne peut exprimer, il le suggère au spectateur. Dans cet arbre aux feuilles retournées on sent le frisson du vent, dans ce pré éclairé et brûlé par un ardent soleil bruissent d'invisibles insectes ; ici le jour est peint avec une fraîcheur si matinale qu'on entend chanter les oiseaux. Ces formes immobiles du tableau sont pour nous en mouvement, et ces couleurs, on l'a dit, font du bruit. Voyez encore par quels artifices le peintre nous fait aller au-delà de la plane surface de son tableau ; il nous ouvre à dessein des perspectives fuyantes où notre esprit s'engage et se plaît à errer, une allée sinueuse dont notre imagination achève le détour, où elle s'établit comme en une chère solitude. Il est même des paysagistes qui, ne donnant que de vagues indications dans une sorte de brume, ne laissent pas de produire une impression poétique. Souvent même toute la poésie d'une pareille peinture est dans cette brume. Un tableau qui ne ferait voir que ce qu'il expose à la vue, des prés, des eaux, des bois bien peints, qui ne ferait rien sentir au-delà, n'aurait pas ce profond attrait qu'on ne peut définir, dont on ne sait rien si ce n'est qu'il retient notre âme avec nos yeux. Quelquefois un ciel, une mer, un désert suffisent ; l'esprit du spectateur se charge de remplir le tableau. Il peut même arriver que pour nous rien, ne soit plus plein que cette immensité vide. Nous dirions volontiers que, dans les grands et les petits paysages, le charme suprême est précisément dans ce qui n'est pas représenté. On croit quelquefois et on dit que certains tableaux admirés n'ont de valeur que par la fidélité d'une peinture matérielle et qu'ils n'ont rien à démêler avec le cœur ou l'esprit, par exemple certains tableaux hollandais, danois, suédois, qu'on a pu voir à la dernière exposition universelle, qui représentaient simplement une chambre déserte avec des planchers bien lavés, des meubles reluisants, des ustensiles de cuisine, le tout éclairé à travers une fenêtre ouverte par un rayon de soleil. Où trouvez-vous là, dit-on, une idée ou un sentiment ? Parler ainsi, c'est ne pas comprendre la vraie poésie du Nord. Dans les pays froids et brumeux, une fenêtre ouverte, un rayon de soleil sont des joies peu communes et qui méritent d'être célébrées par les poètes et les peintres ; une chambre avec des meubles bien cirés et des ustensiles bien rangés annonce l'aisance et l'ordre et fait l'orgueil du possesseur et l'honneur de la ménagère. L'éclat de ces meubles, c'est l'éclat de la vertu domestique ; cette propreté rit non-seulement aux yeux, mais à l'âme ; c'est plus que de l'agrément, c'est de la gloire, la gloire du riche et l'ambition du pauvre. Si, dans ces pays-là, vous demandiez à une jeune paysanne à quoi rêvent les jeunes filles, elle vous répondrait qu'elle espère un jour habiter avec son mari une de ces chambres où on verrait une belle armoire, une table luisante, des cuivres étincelants, des assiettes fleuries, bien exposées a la vue, et chaque chose à sa place, selon une agréable ordonnance ; et dans un de ces élans de poésie dont nous avons un jour été témoin, l'ignorante pauvrette parlerait comme le plus exquis des Grecs, Xénophon, qui disait : « La belle chose que des vases d'airain, la belle chose que des ustensiles de table, la belle chose enfin, malgré le ridicule qu'y Couverait un écervelé, la belle chose que de voir des marmites rangées avec intelligence et symétrie ! » Ainsi, un pareil tableau, grâce à une association d'idées, grâce aux intimes sentiments qu'il éveille, est un sujet véritable et, tandis que, chez nous, plus d'un spectateur s'imagine et déclare que le peintre n'a voulu montrer que l'adresse d'un minutieux pinceau, ce simple tableau charme l'esprit de ceux pour qui il a été composé et peut-être même fait battre plus d'un cœur.

Dans la grande peinture, on a souvent provoqué le sentiment sans l'exprimer, et on a recouru à des artifices dont quelques-uns sont fort connus, s'ils n'ont pas toujours été bien compris. Les anciens ont célébré à l'envi, au point d'en faire un lieu-commun oratoire, l'ingénieux moyen employé par Timanthe dans sa peinture du *Sacrifice d'Iphigénie*. Après avoir montré la jeune et royale victime devant l'autel, et autour d'elle Calchas triste, Ulysse plus triste encore, Ménélas consterné, après avoir épuisé sur ces visages tous les degrés de la douleur, il n'osa ou ne voulut pas peindre l'affliction paternelle et couvrit la tête d'Agamemnon d'un voile. Cet artifice a été non-seulement admiré par les critiques, depuis Cicéron, Pline, Quintilien, Valère Maxime jusqu'à Diderot, mais encore, ce qui est un plus grand honneur, il a été imité par les plus excellents peintres ; car Raphaël a jeté ce voile sur la tête de la Vierge et Poussin sur le visage d'Agrippine près du lit de Germanicus mourant. Faut-il croire que Timanthe a recouru à cet artifice par impuissance, parce qu'il désespérait de faire voir sur le visage d'Agamemnon, comme dit Voltaire, « le combat de la douleur d'un père, de l'autorité du monarque et du respect pour ses dieux, » ou doit-on penser, avec Lessing, qu'une pareille douleur ne pouvant s'exprimer que par des contractions toujours hideuses, ce voile fut comme un sacrifice que l'artiste fit à la beauté ? Selon nous, Timanthe pensait que l'effet serait plus tragique si le spectateur était livré à sa propre imagination. C'est l'avis des anciens, de

Quintilien, de Valère Maxime, interprètes de l'opinion commune, qui disent l'un et l'autre presque dans les mêmes termes « que le peintre laissa à la sensibilité du spectateur le soin de se figurer cette douleur paternelle : *patris fletum spectantis affectui æstimandum reliquit*.¹ » Sans doute, il ne faudrait pas en peinture abuser de ces moyens qui pourraient parfois prouver que l'artiste a plus d'esprit et d'adresse évasive que de talent ; mais ici l'artifice n'est pas seulement ingénieux, il est pathétique, et, loin d'affaiblir la douloureuse gravité de la scène, il la rend plus touchante, parce que notre esprit, en soulevant lui-même le voile, se représente une affliction indicible que le pinceau n'aurait pu rendre. Il faut recueillir, ici, en passant, un jugement de Pline l'Ancien qui résume avec précision nos propres sentiments sur l'art, quand il dit au sujet de Timanthe : « Ses ouvrages donnent à entendre plus qu'il n'a peint, et, quoique le plus grand art de peindre s'y manifeste, on sent cependant que son génie va encore au-delà de son art.² »

Les anciens, dans leurs écrits, aiment à signaler ces détours par lesquels un artiste donnait à comprendre ce qu'il ne voulait pas montrer et, par exemple, échappait à ce qu'une représentation trop fidèle pouvait avoir d'odieux ou de déplaisant. Ainsi, on admirait beaucoup la statue de Vulcain par un élève de Phidias, par Alcamène, qui laissait entrevoir la démarche boiteuse de ce personnage divin sous une draperie qui la déguisait, et, de cette façon, indiquait un trait distinctif du dieu en le dissimulant. Pour toute sorte de bienséances, les artistes anciens suggéraient ce qu'ils n'osaient exprimer, et, par cette discrétion même, qu'on trouverait aujourd'hui superflue, excitaient l'admiration. Un bon juge, un fils d'artiste, qui fut artiste lui-même dans sa jeunesse avant d'être un écrivain, Lucien, contemple avec un savant plaisir un tableau représentant la *Mort de Clytemnestre*, assassinée par son fils Oreste. Le peintre, pour atténuer l'horreur de ce meurtre sacrilège, montra, dans un coin enfoncé du tableau, la reine adultère déjà immolée, couchée sur un lit, à demi-nue, comme si elle avait été surprise au milieu de ses criminelles amours ; mais le principal sujet, sur le premier plan, c'est Oreste et Pylade, terriblement occupés à tuer Égisthe. Lucien admire l'idée du peintre, qui ne présente que le

1 Voir Valère Maxime, I. VIII, ch. XI. — *Suo cuique animo dedit æstimandum*. Quintilien, II, 13.
2 Pline., *Hist. nat.*, I. XXXV, 36.

juste châtiment du complice, en éloignant des yeux le spectacle du parricide. Le châtiment seul est en action, et le parricide se devine. On jouit de la tragédie sans en éprouver trop d'horreur, et on sait gré à la délicatesse du peintre qui, non-seulement nous épargne, mais encore nous surprend par son ingénieux scrupule.

Sans remonter à l'antiquité, il est facile de voir dans nos expositions de peinture que l'attention du public se porte sur les tableaux qui joignent au mérite d'être bien peints le mérite plus rare de provoquer la pensée ou le sentiment. Les tableaux qui ne présentent que des réalités, fussent-elles tragiques, on les quitte aussitôt qu'on les a vus. Nous nous arrêtons devant ceux où, grâce à l'art du peintre, nous devenons en quelque sorte ses collaborateurs ou ses confidents et qui nous indiquent ce que nous achevons. Toute autre peinture nous lasse bientôt, même quand d'abord elle attire vivement les yeux par le mouvement de la scène et le tumulte des couleurs. Qu'on nous laisse prendre pour exemple les tableaux militaires, puisqu'ils sont de ceux auxquels tout le monde peut s'intéresser, qu'ils sont les plus connus, la gravure les ayant rendus populaires. Il ne s'agit ici que de la composition et non des qualités techniques, qui, pour le moment, ne sont pas en cause. Voici, par exemple, un champ de bataille avec des soldats français morts ou mourants ; l'humanité, le patriotisme, d'autres sentiments encore devraient, à ce qu'il semble, retenir nos regards ; et pourtant il se peut que nous passions très vite devant ce tableau s'il n'offre qu'une scène péniblement banale et sans pensée, où notre âme reste oisive. Qu'au contraire on nous présente, comme a fait Horace Vernet, une compagnie d'assaut, encore abritée derrière un pli de terrain, mais près de s'élancer, intrépide, tranquille, l'arme au pied, la vue de ces braves qui, dans un instant, vont mourir, nous causera plus de trouble que si nous les voyions déjà renversés dans la boue et le sang. C'est que nous nous figurons la scène meurtrière qui va suivre et nous nous prenons peu à peu de pitié pour ces vivants qui, dans un moment, ne seront plus ; nous les saluons pour la dernière fois et frémissons de les voir partir. Le peintre nous a remplis de ce qu'il ne dit pas. Les sentiments que nous exprimons ici ne sont pas, comme on pourrait croire, des raffinements de critique, ils répondent aux sentiments du public, même le moins lettré. Nous nous rappelons quel favorable accueil la foule fit aux tableaux de M. Protais, *Avant* et *Après la bataille*. Elle se groupait autour de cette double scène guerrière, où un bataillon de chasseurs à pied attend le signal de la charge, où le trompette a l'œil levé sur le commandant qui, lui-même, va lever la main pour précipiter ses hommes. Elle remarquait l'un après l'autre les principaux personnages, le conscrit ému, le vieux troupier qui, en soldat éprouvé et méthodique, rajuste sa guêtre, et on était ému du sort incertain qui leur était réservé dans un instant. Et quand, dans le tableau *Après la bataille*, on revoyait quelques-uns de ces soldats qui avaient laissé un souvenir, on se les montrait du doigt et les épaulettes d'argent entre les mains du sergent assis, ces reliques qui laissaient deviner le sort du commandant, frappaient plus les imaginations que ne l'eût fait un vulgaire et prévu cadavre. Tel est à peu près le caractère de tous les tableaux militaires qui, plus récemment, ont attiré l'attention du public. *La Dernière Cartouche* est un drame dont la catastrophe est imminente et dont l'intérêt n'est pas seulement sur le tableau, mais encore derrière la toile ; *le Salut aux blessés*, dans sa pensive tranquillité, vous remplit d'un nombre infini de sentiments divers ou nobles ou douloureux ; enfin, dans *le Coup de canon*, le peintre, comme par une sorte de gageure qui vient à l'appui de notre opinion, a eu le singulier et bien périlleux courage de ne mettre sur son tableau que des uniformes insignifiants vus de dos, et a dirigé la curiosité du spectateur, par-dessus les remparts, à quelques kilomètres de la scène, sur un point non-seulement invisible, mais inconnu ; bien plus, sur un point qu'on ne peut pas même soupçonner. Rarement un peintre a plus intrépidement compté sur l'effet produit par ce qui n'est point représenté. On voit donc par le succès qu'ont obtenu ces sortes de peintures que la foule, chez nous, aime et comprend ce qui est sous-entendu et n'est pas plus insensible que les Grecs, du moins dans la mesure de son éducation esthétique. Sans doute, un tableau ne doit pas ressembler à un rébus, il ne doit pas être composé comme une phrase artificieuse de Marivaux ou de Fontenelle, mais du moins faut-il qu'il fasse entendre quelque chose au-dessus ou à côté de l'image et qu'il ne surprenne pas seulement les yeux par l'imitation d'une réalité connue, car les yeux sont vite rassasiés et n'ont que de courts plaisirs.

Si les arts plastiques, qui vivent de formes et de couleurs et qui ont le droit et le devoir d'occuper les yeux, sont pourtant obligés de solliciter l'esprit, à plus forte raison cette nécessité s'impose à la littérature, qui ne s'adresse qu'à l'esprit. C'est là qu'il s'agit de ne pas tout dire, de laisser beaucoup à faire à l'imagination du lecteur. La simple photographie littéraire, les interminables descriptions des choses matérielles qui n'apprennent rien, parce que ces choses nous sont familières, la peinture des passions qu'on ramène à leur expression physique, qui, dès lors, se font comprendre du premier coup et où il n'y a rien à pénétrer, ajoutons la violence uniforme d'un style sans nuance qui ne nous laisse démêler aucune délicatesse, tout cela est aussi contraire à l'art qu'à nos plaisirs. L'art même le plus simple et le plus élémentaire demande des finesses, des détours dont la plupart, si on y regarde de près, reviennent à faire entendre ce qu'on ne dit pas. Ces artifices n'ont pas été inventés dans les écoles, comme on pourrait le croire, ils sont naturels, et, dans tous les temps, les hommes s'en sont servis et s'en servent encore ailleurs que dans les livres. Même les écrivains qui n'aiment point les artifices ne peuvent pas ne point en faire usage, parce que ce sont les procédés courants de l'esprit sans lesquels on ne pourrait ni écrire ni parler. Dans tous les pays, barbares ou civilisés, dans le peuple comme parmi les lettrés, sur le carreau des halles aussi bien que dans les académies, dans les plus familiers entretiens non moins que dans la plus haute éloquence, en prose, en vers, les hommes semblent s'être mis d'accord, par une sorte de consentement universel et tacite, pour ne pas exprimer uniment et platement leurs pensées et leurs sentiments, comme s'ils savaient tous que les plaisirs de l'esprit tiennent à un détour et à un sous-entendu. Qu'est-ce qu'une métaphore, sinon l'image d'un objet qui fait penser à un autre ? Qu'est-ce qu'une fable, un apologue, une allégorie, si ce n'est une manière indirecte d'intéresser à une vérité en la faisant trouver ? Qu'est-ce qu'un emblème, un symbole ? leur nom seul éveille l'idée d'énigmes parfois fort compliquées, dont l'architecture et la sculpture ne pourraient point se passer. Qu'est-ce qu'un trait d'esprit, sinon une étincelle qui illumine ce qu'on ne dit pas ? Si rien ne se cache sous le mot, il n'y a plus de trait d'esprit. Par l'allusion, vous désignez une chose que vous n'osez montrer ; par l'ironie, vous faites comprendre le contraire de votre pensée ; par l'hyperbole, vous dites plus pour faire entendre moins ; par un procédé inverse, moins pour faire entendre plus, vous couvrez d'un euphémisme une pensée déplaisante. Et la périphrase, comment l'oublier ici ? la périphrase qui, paraît-il, a bien des charmes, puisque, durant un demi-siècle, en France, on ne connut pas d'autre régal littéraire. Ce n'est pas tout ; par d'autres procédés vous parlez d'une chose au moment même où vous annoncez hautement que vous n'en parlerez pas ; tantôt vous retardez à dessein votre idée, vous la tenez comme en l'air par une habile suspension pour la faire désirer ; tantôt, par la réticence, vous l'arrêtez net pour la faire deviner. On peut même aller si loin dans cet art de la réticence que des poètes romantiques, on se le rappelle, des poètes cette fois trop discrets, avaient imaginé de ranger sur toute une page blanche des lignes de points, estimant sans doute que la meilleure manière de ne pas tout dire est de ne rien dire du tout. Encore un coup, ce n'est pas la rhétorique qui a imposé ces lois, c'est l'usage général au contraire qui s'est imposé à la rhétorique. Il semble que les hommes aient tout d'abord senti que l'esprit s'endort, si on ne donne à cet être ailé quelque chose à poursuivre ; voilà pourquoi, dans le langage, presque tout est délicatesse fuyante. En dehors de la langue, il en est à peu près ainsi de bien des choses qui nous charment le plus dans la vie : la pudeur est une retenue ; la modestie, un effacement ; la politesse contient les sentiments et les paroles ; la grâce n'est la grâce que pour ne pour voir être définie ; l'amour est bien près de ne plus être quand le mystère n'y est plus. Les femmes, qui ont un sens si naturel et si fin de l'art, ont, par le plus simple instinct, dès le commencement du monde, inventé la coquetterie, qui consiste précisément à donner du prix à la beauté en la dérobant. Bien avant la Galatée de Virgile, on se cachait déjà derrière les saules pour être vue, Cette loi délicate de l'art a été bien comprise par l'artiste grec qui fit la Vénus de Médicis, quand il voulut que la déesse de la beauté et de l'amour nous apparût voilée de son geste.

L'art aime les détours et les mystères, non pas les petits et frivoles raffinements, qu'il faut toujours mépriser, mais ces mystères tout naturels qui sont faits pour réjouir l'esprit et l'âme ; c'est par un certain mystère qu'on intéresse, qu'on retient, qu'on captive l'imagination. Dès qu'il n'y a rien à deviner, il n'y a plus d'intérêt ni de plaisir. Cela est vrai des plus grandes choses. Si les religions n'offraient que des principes précis de claire théologie, elles ne feraient pas d'enthousiastes ; la foi s'inquiète et s'échauffe, parce que derrière ces principes il y a des obscurités attrayantes et des mysticités exquises. Dans le monde païen, pour les esprits cultivés, le charme infini des images mythologiques était dans l'incertaine philosophie que recelaient ces images. Ils connaissaient bien l'esprit humain, les prêtres d'Eleusis qui établirent plusieurs degrés d'initiation, afin que la pieuse curiosité des fidèles fût toujours tenue en haleine, n'étant jamais pleinement satisfaite. En Égypte, des sphinx accroupis à la porte des temples suscitaient le zèle religieux, en déclarant par leur seul aspect colossalement mystérieux qu'on ne pouvait parvenir qu'à travers des énigmes jusqu'au trésor de la sapience. C'est à peu près de la même façon qu'on procède dans les grandes œuvres littéraires. Au théâtre, l'esprit du spectateur est pendant des heures suspendu à un dénouement qui se prépare, s'annonce se fait espérer, de scène en scène et nous fuit. Dans l'épopée et dans les récits, on trouble habilement l'ordre des temps pour nous dérouter et pour nous amener par mille détours à l'issue du poème. Dans les grandes compositions comme dans les bagatelles littéraires, depuis l'épopée jusqu'au madrigal, dans l'ordonnance et dans les détails du style, les hommes ont toujours aimé certaines délicatesses, qu'il ne faut pas regarder comme des recherches ou des subtilités, mais qui sont des agréments conformes à la nature des choses et aux besoins des esprits. Elles sont si naturelles qu'on les rencontre à l'origine des littératures, et c'est peut-être chez le vieil Homère qu'on en rencontre le plus.

L'art est donc dans son ensemble comme dans ses moindres détails une suite de grands et de petits mystères que l'esprit pénètre sans effort et dont il jouit. Voilà pourquoi, disons-le en passant, la vérité morale est plus intéressante que les réalités physiques, la vérité morale restant toujours plus ou moins mystérieuse. On a beau y descendre profondément, il est toujours au-delà d'autres profondeurs qui nous sollicitent. Les corps, au contraire, et tout ce qui tient au corps, les passions physiques se laissent voir et juger du premier coup, et quand, par exemple, dans nos drames modernes une femme se jette au cou de son amant en s'écriant : « Je t'aime ! je t'aime ! » nous n'avons plus que peu de chose à apprendre sur elle ; mais lorsque Hermione cache son amour par fierté et par fierté sa colère, lorsqu'elle ne sait pas elle-même si elle aime ou si elle hait, que nous la voyons céder à tous les roulis de son amour ou de sa fureur, nous allons de surprise en surprise, et chaque vers, dans cette tempête de l'inconstance, éclate comme une lueur nouvelle sur la nature humaine. Combien la passion physique et tout ce qui lui ressemble est peu propre à exciter un profond intérêt, nous le voyons par d'illustres exemples, entre autres par celui de *la Nouvelle Héloïse*, que nous croyons de voir choisir ici précisément parce qu'il n'est guère de livre plus éloquent. Pourquoi donc cette rare éloquence de Rousseau est-elle loin de nous ravir ? N'est-ce point parce que, dans ce roman, les mystères de l'âme sont trop tôt supprimés ? Un jeune homme qui va droit à l'objet de ses désirs, une jeune fille qui étale au grand jour tous les secrets de son amour pour qu'on n'ait pas la peine de les deviner, qui sans réserve, sans scrupule, avec la décision d'une raison maîtresse d'elle-même, au lieu de lutter contre les orages de son cœur, les dirige, les gouverne, pour assurer elle-même l'agréable naufrage de sa vertu, tout cela peut être étonnant, hardi, mais n'est point fait pour nous émouvoir. Le langage de cette passion, tout brûlant qu'il est, nous laisse froids. Cette froideur tient-elle, comme on l'a dit, à ce que ce roman date d'un siècle et nous parait aujourd'hui démodé ? Sans doute le temps a pu refroidir ces pages, mais certains lecteurs du siècle dernier éprouvaient déjà la même impression que nous. La duchesse de Lauzun écrivait, en 1785, à Mme Necker : « Ce roman n'est cependant pas à beaucoup près celui que j'ai lu avec plus de plaisir ; *Clarisse* et *Cecilia* m'en ont fait mille fois davantage. Un amour qu'on s'efforce de cacher est bien plus intéressant que celui qu'on peint d'une manière si vive ; il semble d'ailleurs qu'on croie plus à la sincérité de celui qu'on a pénétré et que l'imagination aille plus loin que les expressions.[1] » L'aimable et modeste duchesse, en ne laissant parler que son sentiment, fait ici, sans y penser, une théorie sur l'art qui a pour nous d'autant plus de prix qu'elle est plus ingénue.

Ces nécessaires artifices dont nous avons parlé, qui consistent en mystères et en détours, semblent au premier abord n'appartenir qu'à un art chétif qui vit de mièvreries, et sont, au contraire, dignes des plus grands poètes. On les a employés, non pas seule-

---

[1] Lettre citée par M. O. d'Haussonville, dans la *Revue* du 15 avril 1880, p. 803.

ment devant des raffinés, mais devant la multitude et dans les plus populaires compositions. Toute la tragédie d'Eschyle, *les Perses*, repose sur un sous-entendu. Il est vrai que la pièce était jouée devant les Athéniens. Chez les peuples modernes, on n'y met pas tant de façons, et quand en France, en Allemagne ou ailleurs nous voulons sur le théâtre célébrer nos exploits militaires, nous faisons paraître nos soldats, qui battent infailliblement l'ennemi, repoussent ses retours offensifs et se montrent invincibles. On peut se rappeler qu'au temps de la conquête de l'Algérie, un jour de fête, aux Champs-Elysées, sur un vaste théâtre en plein air officiellement construit pour y célébrer notre gloire africaine, de midi à six heures, devant une foule immense, des pantalons rouges poursuivaient des burnous blancs et remportaient sans relâche la même victoire. La scène était très vraie, on ne peut plus exacte et d'une réalité parfaite, puisque ces soldats étaient de vrais soldats, que ces Arabes même avaient le visage bruni par le vrai soleil d'Afrique, que les uniformes et les costumes étaient d'ordonnance ; mais cette gloire que nous nous offrions si libéralement à nous-mêmes manquait un peu trop de saveur piquante. Ces sortes de spectacles qui suffisent aux peuples modernes, Athènes ne les aurait pas supportés et les eût gaîment renvoyés à la Béotie. Eschyle (s'il est permis de le nommer en pareille occurrence), Eschyle, quand il voulut célébrer la victoire de Salamine devant un peuple qui avait le sentiment de l'art, transporta la scène à la cour du grand roi. Successivement, comme d'acte en acte, arrivent des nouvelles de plus en plus désastreuses sur l'armée des Perses ; enfin paraît le roi lui-même vaincu, humilié. Il n'y a pas dans toute la tragédie un vers où le courage des Athéniens soit vanté ; il n'y retentit que des outrages et des imprécations contre Athènes. Mais que pouvait-il y avoir pour des Grecs de plus délicieux que ces imprécations, de plus glorieux que ces outrages ? La gloire d'Athènes est dans le désespoir de ses ennemis. Eschyle a prouvé que ce qu'on ne dit pas peut être sublime.

En parlant de l'art exquis des Grecs, il n'est pas hors de propos de faire ici une remarque qui, je crois, n'a jamais été faite par les critiques et de signaler un exemple de cette poétique discrétion. Dans l'*Œdipe roi* de Sophocle, dans cette abominable histoire où Œdipe, par une inévitable fatalité, est devenu le meurtrier de son père et l'époux de sa propre mère, la pièce se compose d'une longue information où la lumière se fait peu à peu, où se succèdent des personnages semblables à des témoins devant la justice, dont les réponses laissent de plus en plus entrevoir l'horrible vérité. Œdipe et Jocaste font eux-mêmes cette enquête, qui devient poignante. Mais au moment, au moment précis où Jocaste, et avec elle le public, soupçonne qu'elle est la femme de son fils, elle disparait pour ne plus reparaître ; le poète enlève à nos yeux cette monstruosité morale de l'inceste. Elle est toujours présente à l'esprit du spectateur, qui la cherche du regard sans la trouver, d'autant plus présente qu'elle ne se montre plus.

Ces sortes de délicatesses ne se rencontrent pas seulement chez, les Grecs, peuple artiste par excellence, mais chez tous les grands poètes qui savent observer les convenances d'un sujet. Assurément Dante n'est pas un poète timide et il a prouvé plus d'une fois qu'il n'est pas homme à reculer devant les hardiesses de la pensée et du style. Mais comment il sait être discret quand il le faut ! qu'on se rappelle le célèbre épisode de Francesca de Rimini poignardée avec son amant par un mari jaloux. Dans le récit qu'elle fait de sa lamentable histoire, elle raconte comment, lisant un jour avec son beau-frère le roman de *Lancelot*, ils en vinrent dans leur lecture à la scène trop charmante où le chevalier baisa le sourire de la reine. Cet exemple nous perdit, dit-elle, et *ce jour-là nous ne lûmes pas plus avant*. Sur ces simples mots s'arrête tout le récit, et il devait s'arrêter là. Un poète moderne se serait fait un strict devoir de peindre l'ardeur de cet amour, puis la fureur de l'époux outragé, le coup de poignard et le sang répandu. Mais ici la situation demandait une extrême réserve, et Dante l'a bien senti. En effet comment cette jeune femme aurait-elle pu, sans cruelle confusion, raconter son infortune à deux hommes, deux inconnus ? Que voulez-vous d'ailleurs que fassent dans l'enfer à cette pauvre âme de Francesca les douloureux plaisirs de la vie terrestre ? que lui importent ces souvenirs et ces misères ? Ces seuls mots pudiques : *Nous ne lûmes pas plus avant* renferment tout son malheur, toute sa honte, tous ses regrets. Tel est l'effet de cette simple phrase qu'en la lisant on ne peut s'empêcher de s'y arrêter à loisir pour y démêler avec une admiration de plus en plus pénétrante les infinies convenances que le poète y a observées. L'inépuisable beauté de ce récit est dans ce demi-silence.

Dans la comédie surtout, il faut laisser beaucoup à deviner par la raison que la nature vulgaire des sujets risque toujours d'entraîner l'auteur au-delà des justes limites. C'est là que l'agrément consiste souvent dans la mesure et dans les sous-entendus. Le chef-d'œuvre du genre est l'*Amphitryon* de Molière, où, du commencement à la fin, le plaisir du spectateur est de découvrir ce que le poète a si bien voilé. Même on peut dire que tout le charme de cette comédie est dans ce voile à la fois si discret et si transparent, car l'incroyable bizarrerie de l'aventure n'aurait pas d'intérêt si nous n'avions pas la mérite de la pénétrer nous-mêmes. Mais sans insister sur cette merveille du génie, qu'on se rappelle l'heureuse et singulière adresse d'un auteur comique contemporain. Voulant faire rire aux dépens de deux jeunes filles extravagantes et de leur mère qui n'a pu que les mal élever puisqu'elle est toujours en course et en visites, il eut l'ingénieuse idée de ne pas montrer sur la scène cette mère ridicule qu'il aurait fallu rendre plus ridicule encore que ses filles, qui le sont déjà plus qu'il ne faut. On attend, toujours cette mère invisible, elle va venir, elle est venue, on va la voir, mais elle est déjà repartie. D'un bout de la pièce à l'autre, elle s'absente, et, grâce à une dextérité dramatique toute nouvelle et fort plaisante, elle a trouvé le moyen de faire plus que s'absenter, puisque n'étant jamais entrée, elle est toujours sortie. Le personnage principal de la pièce est celui qu'on ne voit jamais.

L'art d'écrire n'est le plus souvent que l'art de suggérer plus d'idées et de sentiments qu'on rien exprime. A part les orateurs, qui sont obligés de tout dire, puisque leurs paroles doivent être saisies, à la volée et n'attendent pas la réflexion, tous les autres grands écrivains donnent à entendre plus qu'ils ne disent, Thucydide, Tacite, La Bruyère, Montesquieu, pour ne nommer que ceux qui comptent le plus sur l'intelligence du lecteur. Tantôt par une image, tantôt par un seul mot ils nous découvrent un monde. Leur pensée serrée, condensée, une fois qu'elle est entrée dans notre esprit, y éclate et s'y déploie. Même dans la critique littéraire, qui semble ne demander que de la science et de la clairvoyance, cet art a son charme. C'est à cet art que Villemain a dû ses secrètes grâces, des grâces, il est vrai, qui, pour avoir été trop complaisamment employées par l'auteur, ont fini par n'être plus secrètes. S'il est un maître dans l'art du sous-entendu, c'est Sainte-Beuve, dont les nombreux volumes, où il semble avoir tout dit, ne sont rien en comparaison de tout ce qu'il a donné à comprendre. Mais c'est surtout dans les œuvres d'imagination, dans la poésie, que cet art est non-seulement nécessaire, mais nous paraît être la marque même du génie. Qui ne sait que de choses renferme parfois un seul vers d'Homère, quelles perspectives morales ouvre un vers de Virgile ? Il en est ainsi de Dante, de Shakespeare, de La Fontaine, de Racine, de Goethe quelquefois. Lorsque, dans les *Femmes savantes*, de Molière Philaminte s'exclame sur un mot de Trissotin et s'écrie : « Mais j'entends là-dessous un million de mots, » quand Bélise reprend : « Il est vrai qu'il dit plus de choses qu'il n'est gros… il vaut toute une pièce, » ces dames ne sont risibles que pour placer mal leur admiration, car elles expriment une très sérieuse vérité. Dans notre siècle, Lamartine a eu plus qu'un autre poète, je ne dis pas cet art, ce talent naturel de provoquer par un mot une longue rêverie et quelquefois, par un seul vers jeté dans notre esprit comme dans une eau dormante, il a produit en nous une suite d'insensibles ondulations qui portaient un doux mouvement aux dernières limites de notre être moral. Si aujourd'hui la poésie de Lamartine ne produit plus de ces effets, c'est que la génération nouvelle est trop active, trop affairée pour goûter de si lentes et de si intimes délices.

Notre pensée n'est pas de prétendre que l'art ne se compose que arbitraires recettes et de petits arrangements énigmatiques. Ce serait donner une bien mauvaise idée de l'auteur qui s'adonnerait à un si misérable travail et du lecteur qui l'exigerait. Nous voulons simplement montrer, en choisissant le plus souvent nos exemples dans le plus grand art, qu'il faut offrir un aliment à l'intelligence et au cœur, des finesses que l'esprit démêle, des délicatesses que l'âme éprouve du plaisir à percevoir, des ménagements qui nous flattent et toutes sortes de nobles précautions qui, saisies et comprises par nous, tiennent notre âme en éveil. L'âme du lecteur doit être sans cesse excitée par l'auteur, sans cesse provoquée, tenue en suspens, caressée ou piquée, car son bonheur est dans l'activité et même dans l'agitation. Et comment serait-elle active si on ne lui présente que des objets connus, qu'on les déroule sans fin sous nos yeux, que sans réserve, souvent sans choix, même parfois sans bienséance, en un mot, sans détour et sans scrupule, on n'a d'autre ambition que de nous inculquer fortement des images à l'aide d'un style violent ?

Au style même s'appliquent les remarques que nous avons faites sur la composition. On s'imagine trop volontiers aujourd'hui que si le style est vigoureux, tout est dit. Jamais, en effet, on n'a écrit couramment avec plus de force. De remarquables écrivains savent employer les mots les plus forts de la langue, leur donner leur sens le plus extrême, les ajuster de manière à les renforcer encore les uns par les autres. Point de relâche, point de nuances qu'il serait doux de discerner. Notre esprit reste passif et finit par se courber inerte sous ces coups redoublés qui l'étourdissent et l'assomment. Une fois qu'on est dans cet accablement les expressions les plus fortes ne se sentent plus ; la véhémence même passe sur nos têtes sans nous toucher. Cette manière d'écrire tient à cette fausse idée, que la modération est une faiblesse.

La modération du style, qui n'est que l'art de ne pas tout dire, loin d'être une faiblesse, est non-seulement une grâce, mais une force. Tout d'abord on se livre à elle, parce qu'elle semble mériter du crédit ; par cela qu'elle laisse chaque chose à son degré et l'exprime dans sa mesure, son langage est varié, et nous fait passer par toutes les nuances d'un sentiment. Sa véhémence a de certains moments nous entraîne, parce qu'elle n'est pas continue ; ses audaces, car elle peut en avoir, nous frappent comme des surprises ; enfin elle laisse beaucoup sous-entendre par égard, par prudence ou par malice. Mais à quoi bon définir ce qui peut mieux se prouver par des exemples connus ? Parmi les nombreux écrivains de talent qui depuis trente ans se sont signalés dans la polémique quotidienne, il en est un, le plus redoutable de tous, qui s'est fait surtout redouter par la modération, sinon de ses sentiments, du moins de son style. Presque chaque matin on attendait ce qu'il dirait, on remarquait surtout ce qu'il avait l'art de ne pas dire, et si puissant était ce style modéré que le pouvoir impérial, si délicatement meurtri, aurait volontiers échangé ces tempéraments contre les plus violentes injures. Avant lui, dans un autre genre d'ouvrage, dans le roman et la nouvelle, un rare esprit non sans intention satirique contre le style intempérant de ses confrères, et voulant sans doute par son exemple soutenir une opinion analogue à la nôtre, abrégea tout pour que la lumière ainsi concentrée attirât plus les regards, peignît vivement sans prodiguer les couleurs, montra les choses en s'abstenant de les décrire, produisît chez le lecteur les sentiments les plus pathétiques en contenant les siens, et par cet art savant se serait placé au rang d'écrivain parfait, si en voilant tout, en cachant tout, il avait pu cacher aussi son art.

Il est des livres qui n'ont dû leur popularité et leur puissance qu'à leur modération, par exemple, *les Prisons* de Silvio Pellico. Plusieurs de ses compagnons d'infortune, au sortir de leur longue captivité, ont dépeint leur martyre avec l'accent le plus indigné et les plus douloureux détails ; mais leurs cris de colère et de vengeance se sont perdus dans les airs, et aujourd'hui on a même oublié leurs noms pourtant si dignes de pitié. Silvio, sans être un grand écrivain, a touché toutes les âmes en ne laissant qu'entrevoir ses souffrances ; il a irrité contre l'Autriche sa geôlière, en la ménageant, et par cette retenue magnanime il a gagné à lui-même et à son pays toutes les sympathies de l'Europe et du monde ; et quand vint l'heure de la lutte armée pour l'indépendance italienne, qui peut dire que ces sympathies furent inutiles et que ce petit livre ne fut pas de quelque poids dans la balance du destin ?

Pour ne parler que d'agrément, s'est-on déjà demandé pourquoi un public lettré et friand accourt à certaines solennités académiques, qui pourtant, comme cérémonie, ne peuvent rien offrir qui ne soit assez prévu ? Ne serait-ce pas pour jouir en une fois, fût-ce avec excès, de toutes les finesses dont on fait ailleurs si volontiers l'épargne ? Là on a le plaisir de beaucoup deviner ; on a, de plus, l'illusion de se sentir de l'esprit en comprenant celui des autres. Contre toute attente, il se trouve que le compliment n'est pas une flatterie et que le reproche est suave. On s'étonne de voir que les gracieux balancements de la période laissent échapper autre chose que l'encens de la louange. On cherche à saisir les mots chatoyants qui font comprendre une chose à l'assemblée, une autre au récipiendaire, sourire les auditeurs aux dépens d'une victime abusée et la victime elle-même par le plaisir, d'être si bien ménagée ; car l'orateur qui exerce une sorte de magistrature littéraire est un censeur d'un genre nouveau et ressemble plutôt à un directeur de conscience qui, trop bon pour gronder son pénitent, l'aide charitablement à retrouver ses péchés. Si cette tranquille éloquence a pour le public tant d'attraits, c'est qu'il est bien aise de retrouver quelque part des détours oratoires, dussent-ils être trop ingénieux. On sait bien qu'il ne faudrait pas écrire ainsi, en tout temps et en tout lieu ; mais dans la vie n'est-il pas des raffinements qu'on se permet de loin en loin un jour de fête ?

Peut-être ces observations de psychologie esthétique sur la délicatesse dans l'art ne sont-elles pas hors de saison, au moment où notre littérature d'imagination paraît recourir à des procédés insolites. Elle est en train de défaire le lent et fin travail des siècles. En effet, depuis qu'il y a des lettres dans le monde, les hommes de génie ont cherché, non sans effort, l'art de ne pas offenser les esprits. Ils ont imaginé sans cesse des tours imprévus pour donner à leurs pensées, à leurs sentiments la forme la plus belle et la plus innocente ; ils ont établi des bienséances morales, oratoires, théâtrales, non comme des règles gênantes, mais pour être les voluptés de l'esprit. Ils ont même, avec le temps, affiné leur langue pour qu'elle se prêtât mieux à tous leurs scrupules, pensant et disant que les lettres devaient avant tout être humaines. Les peuples sentaient tout le prix de ces délicates merveilles et en tiraient gloire ; les Athéniens étaient fiers de leur réserve attique, les Romains de leur urbanité ; les Français de leur politesse, et pour eux, l'art par excellence était de ne pas exprimer rudement et crûment leurs pensées. D'autres écrivains, à la suite des premiers, recueillirent en des traités toutes ces finesses, de peur qu'elles ne se perdissent ou qu'elles ne fussent pas assez remarquées. N'est-ce pas là la civilisation même dans sa fleur ? n'est-ce pas l'honneur à la fois et le bonheur de l'esprit humain ? Si donc un jour il devait quelque part se produire une littérature qui ne connût plus aucun de ces scrupules séculaires, qui ne sût plus rien taire, rien atténuer, qui se mît au-dessus de toutes ces traditionnelles mesures d'honnêteté, qui se fît même un jeu de les braver par jactance et de briser étourdiment ce beau luxe et ces fragiles trésors de grâce, et si, pour comble de malheur, cette littérature mettait du talent au service de ces ravages et de cette destruction littéraire ou morale, serait-ce se montrer trop dur que de l'appeler un brillant retour à la rusticité ?

Heureusement, on croit voir à des signes assez évidents que le public, même celui qui n'est pas trop raffiné, commence à sentir vaguement que. l'art et la littérature devraient lui donner d'autres plaisirs que ceux qui lui sont le plus souvent offerts. Il est fatigué de représentations matérielles sur la toile, dans les livres, au théâtre ; il est surtout rassasié de toutes ces choses connues qu'il voit tous les jours, qu'on lui montre sans fin, sans rien abréger ou sans rien pallier. Il semble dire comme Montaigne : « Celui qui dict tout, il nous saousle et nous dégouste. » En peinture, il demande des sujets, c'est-à-dire des pensées et des sentiments, il déclare avec impatience qu'au Salon il y a trop de tableaux qui, n'offrant rien à l'esprit, encombrent l'attention et l'empêchent de se porter sur ce qui mérite d'être vu. De plus, il commence à faire la différence entre le nu et le déshabillé, entre la nudité belle et la nudité sotte. Dans les romans, il saute les pages qui ne renferment que la description minutieuse des choses sans intérêt et des objets physiques, et il va même jusqu'à demander que la fiction se concentre dans une nouvelle. Au théâtre, il tient moins à ce luxe d'accessoires qui prend la place de spectacles plus ingénieux. Quand on remet à la scène une pièce dont l'inutile longueur ne le choquait pas autrefois, il ne va plus la revoir que si elle est réduite de quelques actes. Quant aux pièces nouvelles, il demande qu'elles soient plus courtes, pour être plus pleines. En un mot, le public, qui laissait faire autrefois, éprouve un sourd mécontentement et semble dire, à sa façon, comme un philosophe : « Le beau est ce qui nous donne le plus grand nombre d'idées dans le plus petit espace de temps. » Enfin il se révolte parfois contre les violences de la scène, qui sont plus choquantes que pathétiques, et il sent que dans l'art un des plus grands plaisirs est d'être respecté dans sa délicatesse morale. Par-dessus tout, il est las du style brutal dont nous ne parlerons pas ici pour n'avoir pas à le définir avec brutalité, auquel d'ailleurs il faut beaucoup pardonner, puisque ce sont ses excès et ses audaces qui ont fini par ouvrir les yeux au public sur certains tempéraments nécessaires de l'art, et lui ont inspiré de justes réflexions qu'autrement il n'eût point faites ; car, de même que dans la science il est de solides démonstrations par l'absurde, il s'en fait dans l'art par l'impudeur.

Nos remarques, en apparence fort diverses, aboutissent à la même conclusion : que dans l'art la simple représentation des choses ne suffit pas, qu'elle ne peut donner que des plaisirs enfantins ou vulgaires, que l'esprit tient à jouir de sa propre activité, qu'il veut des pensées et des sentiments, qu'il aime à les deviner, à les saisir lui-même, qu'il sait gré à l'auteur de tout ce que celui-ci, par toutes sortes de raisons scrupuleuses, ne lui dit pas. Il serait facile de multiplier sur ce point les observations et les exemples ; mais dans notre sujet, plus que dans tout autre, il sied de ne pas tout dire.

www.ingramcontent.com/pod-product-compliance
Lightning Source LLC
Chambersburg PA
CBHW050255230526
45470CB00005B/2271